AUX OBSÈQUES

# DE M. EDGARD AUDIAT

ACADÉMIE DE STANISLAS

# DISCOURS PRONONCÉ LE 13 SEPTEMBRE 1911

## AUX OBSÈQUES

# DE M. EDGARD AUDIAT

MEMBRE TITULAIRE

PAR

## M. GEORGES PARISET

PRÉSIDENT

(Extrait des *Mémoires de l'Académie de Stanislas*, 1911-1912)

NANCY

IMPRIMERIE BERGER-LEVRAULT

18, RUE DES GLACIS, 18

1912

# DISCOURS PRONONCÉ LE 13 SEPTEMBRE 1911

## AUX OBSÈQUES

# DE M. EDGARD AUDIAT

---

Messieurs,

Le triste devoir de rendre les derniers hommages
à M. Audiat, au nom de l'Académie de Stanislas,
m'eût été plus pénible encore et douloureux qu'il ne
m'avait paru d'abord, s'il ne m'était facilité par la
vie même de celui dont la mort nous réunit aujour-
d'hui : vie si droite, si unie et pourtant si bien rem-
plie par tant de tâches diverses que le souvenir en
pourra rester dans notre esprit véritablement comme
un exemple.

M. Charles-Auguste-Edgard Audiat est né le 8 jan-
vier 1828 à Sélestat, dans le Bas-Rhin. Son père,
descendant d'une ancienne famille de robe du Bour-
bonnais, s'était engagé au début du premier Empire
et, devenu officier, il avait épousé, à Nancy, la fille du

*

baron Thiry. Par ce mariage, il était entré dans une vieille famille de haute bourgeoisie lorraine, deux fois illustre : le baron Thiry étant, en effet, le gendre du grand juge Regnier, duc de Massa, et le père des deux généraux Augustin et Charles Thiry. C'est au collège royal, aujourd'hui le Lycée de notre ville, que le jeune Audiat a fait toutes ses études (de 1835 à 1845) et il les termina brillamment en remportant le prix d'honneur de philosophie. Il devint ensuite étudiant à la Faculté de droit de Paris et la thèse de doctorat qu'il soutint le 6 août 1853, sur les *Actions possessoires*, est remarquable autant par la difficulté du sujet choisi que par l'érudition étendue, la clarté et la finesse de pénétration juridique.

C'est ainsi que, né en Alsace et fils de soldat, d'une famille bourbonnaise et lorraine, élevé à Nancy, étudiant à Paris, M. Audiat a pris une âme toute française. Son patriotisme était ardent. Il aimait la Lorraine, il eût voulu qu'on en sût mieux le passé, mais il ajoutait : « L'histoire ne démontre-t-elle pas que l'État lorrain était une création tout artificielle ? Y aurait-il eu jamais une Lorraine si, au lieu de trois fils, Louis le Débonnaire n'en eût eu que deux? La Lorraine était française par sa situation géographique, elle était française de race, de mœurs, de tendances. » Et de toutes les nouveautés par quoi notre époque se distingue, la plus douloureuse lui était qu'on niât la patrie : « La patrie, s'écriait-il, dont on a osé blasphémer le saint nom !... »

Inscrit comme avocat à la cour de Nancy, il fut peu après attaché au parquet, puis nommé successivement substitut à Toul (1854), substitut au tribunal de Nancy (1857), procureur impérial à Verdun (1860), substitut du procureur général à Nancy (1861), et enfin, en 1866, conseiller à la cour : un à un, et rapidement, il avait gravi tous les degrés de la hiérarchie. En même temps, il trouvait chez le président de chambre Julien Garnier, celle qui devait fonder avec lui un foyer heureux et béni (1860).

En 1862, l'honneur lui incomba de prononcer le discours de rentrée à la cour; il prit comme sujet *la Prison préventive* et il en parla non pas seulement en jurisconsulte, mais en homme d'expérience et de cœur. Il donnait d'autres preuves encore de sa science juridique : pendant dix ans (de 1837 à 1877), il fut le correspondant très apprécié du *Recueil Dalloz*, pour le ressort de la cour de Nancy et il eut notamment à enregistrer cette dramatique délibération du 8 septembre 1870 que rédigea le premier président Leclerc, à laquelle il participa, et dont le retentissement a été si considérable.

L'ennemi, alors à Nancy, avait prescrit à la cour de rendre la justice « au nom des hautes puissances allemandes ». La cour refusa. Alors, nouvelle injonction : il faut employer la formule « au nom de l'Empereur des Français ». Mais l'Empereur est prisonnier et le gouvernement de la Défense nationale a décidé que les actes seront établis « au nom du peuple français ». Obéir, c'était rompre avec l'unité française; la cour refusa, marquant ainsi la limite de ce que l'ennemi pouvait exiger de magistrats et de fonctionnaires français, et, sans abdiquer ses fonctions, elle cessa pro-

visoirement de les exercer. Le Palais devint une ambulance et les magistrats furent employés comme otages sur les locomotives allemandes.

S'il fallait enfin un nouveau témoignage de la haute estime que ses collègues professaient pour la valeur de M. Audiat, je rappellerais qu'ils le désignèrent en 1873 pour rédiger une consultation demandée par le ministre de la Justice sur une réforme de la législation relative aux *Droits du conjoint survivant* après décès *ab intestat* de l'autre conjoint. Il ne m'appartient pas de dire ce qu'a été M. Audiat comme magistrat : on le rappellera ailleurs et mieux que je ne saurais le faire.

Vers 1878, touchant à la cinquantaine et déjà décoré de la Légion d'honneur, avec ses longues années de service et ses fils en passe tous de réussir brillamment par eux-mêmes, M. Audiat aurait pu se laisser aller, comme tant d'autres, à attendre paisiblement les loisirs de la retraite. Il n'en fit rien, et peut-être est-ce ici le trait le plus admirable de sa vie. La carrière de magistrat donne à ceux qui savent en comprendre les charges, une incomparable pratique des hommes et des affaires. M. Audiat se faisait de ses devoirs sociaux une très haute idée. Devant nous, à l'Académie, il a fait un jour allusion, en termes d'une grande élévation morale, à « l'obligation qui est imposée au riche » de faire de sa fortune et de son temps « un emploi secourable » et de les considérer « comme un dépôt dont il lui sera demandé compte ».

Il résolut de consacrer à autrui son expérience et son

dévouement. Il devint membre du conseil d'administration de la caisse d'épargne, membre et vice-président de la commission des hospices de la ville de Nancy; il se consacra spécialement à l'hospice Saint-Julien et à l'hospice Saint-Stanislas : aux vieillards et aux enfants. Pendant de longues années, il tint à présider lui-même la cérémonie de la distribution des prix aux orphelins. Il s'intéressait à l'éducation populaire. Il fut délégué cantonal, à une époque où ce titre comportait réellement une collaboration étroite aux progrès de l'école laïque. En 1880, il contribua à la fondation de l'Association des anciens élèves des lycées de Nancy, Metz, Strasbourg et Colmar, il en fut élu président dès l'origine, puis président honoraire.

En 1885, l'Académie de Stanislas se l'agrégeait comme associé correspondant, et dès 1887, abrégeant un stage souvent beaucoup plus long, elle se hâtait de l'élire comme membre titulaire. En quelques mots d'une spirituelle concision, notre vénéré confrère a parfaitement défini ce « courtois échange d'idées et d'égards » qui, disait-il, « fait le charme de nos réunions académiques ». Notre Compagnie fut heureuse d'accueillir le magistrat, le juriste, le philanthrope et le lettré qu'était M. Audiat. Elle lui ménagea les honneurs de la réception solennelle en 1888 et de la présidence en 1892.

Le discours de réception de M. Audiat, intitulé *Le premier Président Leclerc, Notice biographique*, son discours de présidence en réponse au récipiendaire, son rapport sur les prix de vertu en 1893, ses discours et notices nécrologiques (en 1892 et 1898) sont tout ensemble riches d'idées et de faits, et d'une éloquente sobriété de forme. Aujourd'hui encore, après tant d'années, il suffit de les lire pour se rendre compte que M. Audiat était la conscience même, et qu'il ne faisait rien qu'avec soin, qu'il avait le cœur bienveillant, la bonté active et la gravité souriante. Spiritualiste croyant et pratiquant, il savait libéralement comprendre les opinions qui n'étaient pas les siennes. Très assidu à nos séances, il continua à les suivre longtemps après qu'il eut pris sa retraite, en 1897, comme président de chambre honoraire.

En 1901, pour la première fois, il fut obligé de demander un congé annuel, d'abord pour un mois d'hiver, puis pour deux en 1904, puis pour quatre mois depuis 1906. L'âge commençait à lui peser. Mais, chaque année, il nous revenait avec la belle saison. En juillet dernier, à quatre-vingt-trois ans passés, il prenait encore part à nos travaux. Il tenait à l'Académie, il s'y sentait entouré du plus affectueux respect, il savait son rôle utile dans la vie intellectuelle de notre région, et je suis autorisé à vous dire qu'il ne l'a pas oubliée dans ses libéralités testamentaires : ce sera un titre de plus à notre souvenir reconnaissant. L'Académie s'associe au deuil de la noble compagne d'une si belle vie, de ses fils et de sa famille; elle conservera fidèlement la mémoire vénérée de M. Audiat.

Nancy, imprimerie Berger-Levrault